D1136382

Monique Egé

LE REGIME DISSOCIE

EDITIONS
MORISSET

© Editions Morisset - Février 1996
12, avenue de Corbéra - 75012 Paris

ISBN : 2-909509-44-3
ISSN : 1264-157X

SOMMAIRE

INTRODUCTION

Dans cet ouvrage, nous allons aborder la question de l'alimentation dans notre société, élément autrefois chargé de toute une tradition qui était elle-même liée à tout un système de valeurs traditionnelles qui n'a plus cours. Quel est le système dans lequel nous vivons, quelles sont les nouvelles valeurs qu'a revêtues notre société moderne, et pourquoi ce changement radical ? C'est à partir de ce réseau d'interrogations que nous allons tenter de déterminer la place de l'alimentation dans notre société moderne et ce qu'il est possible de faire pour améliorer cet état de faits.

Le régime alimentaire y trouve une place de choix. Le nombre de régimes alimentaires et leur diversité s'accroît au fil du temps. Tenter de trouver une nouvelle façon de se nourrir devient, semble-t-il, une nécessité. C'est ainsi que le régime dissocié offre une nouvelle manière tout à fait originale de vivre l'alimentation au quotidien. Ce régime nécessite de prendre connaissance de toute une thématique nutritionnelle qui se compose, avant tout, des protides, des lipides, des glucides, des sels minéraux, des oligo-éléments, des fibres alimentaires et de l'eau. A partir de là, il est nécessaire d'aborder la digestion des aliments de manière à pouvoir pratiquer les combinaisons alimentaires bénéfiques au bon fonctionnement de l'organisme. Nous exposons également les combinaisons alimentaires à proscrire, ainsi que des menus qui vous aident à mieux comprendre ces associations et qui vous permettent d'élaborer vous même, les repas qui composent ce régime. ■

CHAPITRE 1

L'individualisme

«L'être vivant est un individu, il s'adapte aux conditions du milieu qui l'entourent sans s'y dissoudre.»

Ce milieu et ces conditions représentent, en quelque sorte, une niche écologique d'où il tire ses ressources. Cette force que lui offre son milieu lui permet de durer, de se reproduire et de se modifier. Tous les sujets d'une espèce ont un certain nombre de caractéristiques en commun, c'est ce qui permet d'attribuer la valeur de groupe, de société, à un nombre d'individus. La reconnaissance d'un être par un groupe se fait par l'intermédiaire de tout un réseau d'habitudes et d'activités. L'homme n'échappe pas à ces déterminismes. C'est par l'intermédiaire de ces rituels qu'il s'identifie à la communauté et qu'il y est également admis.

Tous nos comportements quotidiens individuels sont sujets et objets de notre relation au groupe. L'alimentation a tenu et tiendra toujours une place de choix dans notre société, non seulement parce qu'elle conditionne bien entendu notre survie, mais aussi parce qu'elle se charge de tout une symbolique et qu'elle est, elle-même, la traduction de tout un langage collectif et individuel inconscient. L'alimentation se lie dans un premier temps au corps parce qu'elle le nourrit, mais aussi parce qu'elle le transforme. Dans un second temps, elle s'unit à l'esprit parce que l'aliment est sujet à l'imagerie et à la création. Si un certain nombre de caractéristiques nous liant au groupe nous donnent à être en commun, tous les sujets d'une même espèce, même s'ils se ressemblent, ne sont pas tout à fait identiques.

Tous ceux qui forment une espèce présentent des caractères particuliers qui font que chacun est à considérer comme un individu. Si ce polymorphisme semble valable en biologie, il l'est aussi en sociologie. Notre modernité se marque profondément par une pluralité de formes d'individualisme qui correspondent à autant de formes de sociabilité.

De plus, nous vivons depuis les années 60 dans une civilisation technique, industrielle et urbaine qui a profondément modifié les rapports de l'individu au groupe. Parler d'individualisme lorsque nous voulons aborder l'alimentation peut paraître étonnant, mais cela revêt une importance capitale lorsque nous constatons que nos comportements quotidiens sont intimement liés à nos modes de vie et à nos courants de pensées. Bien entendu, l'alimentation, premier élément extérieur entrant en contact avec notre intériorité, est directement touchée par tous les phénomènes qui constituent notre vie.

Quant à l'individualisme, avant d'aller au-delà, il semble bon d'en donner une définition car c'est un terme controversé dont la réalité est incontournable, mais qui revêt souvent différentes définitions.

L'INDIVIDUALISME : THÉORIE OU ÉTAT D'AME ?

Entendons donc par individualisme, l'alliance de l'autonomie, c'est-à-dire d'une capacité intérieure et rationnelle d'autodétermination, et de l'indépendance. Même si l'on trouve tout au cours de l'histoire des jalons individualistes, c'est quand même le XIXème siècle qui amorcera réellement son déploiement. Les "lumières" accentueront la vague déferlante des innovations individualistes avec l'accès au droit de vote, ou la possibilité de divorcer, mais aussi avec la banalisation de la possibilité de la confrontation des opinions. Il en va de même pour ce qui est de l'affranchissement des conformismes religieux ou encore familiaux. L'individualisme en tant que théorie trouvera, certes, peu de défenseurs en France à cette époque (il en trouvera un peu plus tard à l'étranger), mais c'est sans doute parce ce que ses adeptes le voyaient déjà inscrit dans l'ordre de la modernité, et rien ne semblait pouvoir l'empêcher de poursuivre son développement. L'individualisme donc, s'il est quelque part entré lentement dans les mœurs, inhibant doucement nos comportements, n'a pas trouvé en France de vrais défenseurs. La première moitié du XXème siècle voit l'individualisme ballotté entre dénonciation et réhabilitation ou alors, il se réduit à un égoïsme bourgeois ou encore tout simplement il se voit considéré comme indigne de tout intérêt intellectuel. Sous silence donc, il passera. Et pourtant, cela ne l'empêchera pas de continuer à prendre corps dans la vie courante dès les années cinquante. L'entrée dans l'ère de la consommation et de la vie urbaine fait brusquement accéder les "masses" à une liberté de choix grandissante. Elle les arrache aux ultimes apparences et surtout propulse la population dans une quête avide de bonheur privé. Ces bonheurs se réalisent ou donnent l'impression de se réaliser dans les notions d'achats et d'instantanés. Bien sûr, il y aura les années 1968 et le courant d'anti-individualisme qui lui a trait, avec cette volonté de trouver le salut dans le collectif, dans la notion de groupe.

Cela n'empêchera pas l'individualisme de continuer sa marche jusqu'à devenir, après cette crise des années soixante-huit, un individualisme de la modernité, avec un ciel de désirs de libertés individuelles tels que l'émancipation féminine, le souci hédoniste de son corps, la vie en solitaire (célibat, divorce), la possibilité de jouir de son temps libre (loisirs, sports...). L'individualisme donc, s'il n'a pas forcé les talents de théoriciens, s'est bien plus encore imposé comme une manière d'être commune à nous tous ; il peut y avoir des procès d'individualisme mais il semble qu'il pourra toujours se poursuivre sous de nouvelles formes. C'est peut-être le phénix de notre modernité ! C'est parce que l'on peut constater que l'individualisme est plus une façon d'être au quotidien, que l'on peut dire qu'il s'est développé spontanément, sans fondation théorique préalable et, quelle que soit l'opinion qu'il nous offre, il garde ses racines en nos aspirations. Nous avons tous, si nous voulons être objectifs, et que l'on soit son détracteur ou son adepte, des manières d'être plus ou moins conscientes qui lui ont trait.

C'est ainsi qu'il s'assure une capacité de survie qui semble pour le moment inébranlable. Si nous avons fait mention de l'individualisme ici, en en retraçant un peu son histoire, c'est pour redessiner globalement le paysage psychologique dans lequel nous vivons.

En effet, il nous semble nécessaire de comprendre ce qui sous-tend nos actions au quotidien pour peut-être mieux les appréhender, mais aussi pour mieux les maîtriser et ainsi, acquérir une plus grande liberté de choix. Les actions individuelles composent les phénomènes sociaux, mais l'inverse est aussi valable. Voyons donc maintenant en quoi l'individualisme a influé sur notre rapport à la consommation, et plus précisément à l'alimentation et par voie de conséquence, sur notre rapport au corps.

Individualisme et alimentation

C'est donc la civilisation urbaine et technique qui s'est réellement installée à partir des années soixante qui a apporté avec elle l'hédonisme et l'individualisme. Ceci amènera un glissement progressif des valeurs et surtout des valeurs morales : recherche de satisfactions personnelles à travers les loisirs, les vacances ou la consommation. La population perd ses repères collectifs et traditionnels pour acquérir des désirs personnels et la sensation d'un épanouissement par la consommation. Ainsi, l'aliment modifie lui aussi son statut. S'il était un élément de liaison, une valeur, une garantie de tradition, l'aliment donnant le repas allié à la coutume, il devient en lui-même un élément de plaisir, un objet capable de donner une satisfaction immédiate mais aussi un moyen individuel de s'identifier.

Les années soixante amorcent le déclin des modèles d'accomplissement moraux, idéologiques, religieux. En revanche, c'est à cette même époque que les médias entament leur hymne des modèles de bonheur individuel. Une "foule solitaire" disait David Reisman de notre société, qui a largué les amarres avec ses origines. Le travail rend mobile géographiquement et les individus se voient coupés de leurs amis, de leurs familles, de leurs liens habituels qui forment les anciens repères basiques de notre environnement social.

Auparavant, les personnes avaient souvent vécu dans un même village et y poursuivaient leur vie. A partir de cette période, il est coutume, tant pour les enfants que pour les familles, de partir travailler ailleurs et de changer plusieurs fois de ville. Cette conception de la mobilité va aller en s'accentuant aussi pour des raisons de pénurie de travail.

L'aliment était au sein d'une famille, une tradition, une possibilité de "communion" tant entre les individus qu'avec le lieu où ils vivaient. Il avait une valeur identitaire très forte avec des plats porteurs de souvenirs, d'ambiances, d'odeurs, de goûts, en un mot chargé de vie, il devient, comme le repas, un élément de solitude coupé du reste, en perte de sens. On pourrait peut-être aller jusqu'à dire comme Claude Fischler que nous vivons dans une société qui a un profil culinaire indifférencié, victime de la "gastronomie", mais nous y reviendrons. Quoi qu'il en soit, en 1989, selon l'INSEE, 10,6% des français déclaraient vivre seuls. Le chiffre est éloquent !

LA REMISE EN CAUSE DES TRADITIONS

Ces nouvelles données sociales fissurent grandement nos relations, tant à nous-mêmes que celles que nous avons aux autres. Tout ne tombe plus sous le coup de l'évidence dans notre relationnel. Les traditions et les usages sont remis en cause bien plus facilement et il y a, désormais, un éventail très large de choix possibles. L'individu doit dans tous ses actes choisir et les répercussions se font sentir sur l'alimentation. Mais si la multiplication des choix se fait sentir psychologiquement pour les raisons que nous avons vues, il en va de même pour ce que nous consommons. Encore une fois, à partir des années cinquante, ce sont les systèmes de production et la production en elle-même des aliments qui se modifient. Avant, la consommation était presque exclusivement locale, c'est-à-dire que l'individu consommait plus particulièrement les produits fabriqués dans sa région.

Dans les années cinquante, la production du "terroir" diminue pour laisser place à une production de plus en plus éclatée géographiquement jusqu'à devenir une production à l'échelle mondiale. Cette production ne se constitue plus de produits de base ou simples, mais elle tend elle aussi à se diversifier, à se spécialiser, au point de réaliser des plats qu'il nous suffit désormais de glisser cinq minutes au micro-ondes.

L'aliment devient donc international et pré-cuisiné. On voit déjà toute la difficulté pour l'individu de connaître ce qu'il consomme. Une question poind : quels sont les raisons de ces nouvelles modifications ? Nous revenons ici aux éléments précités : l'individu veut réduire au maximum le temps qu'il consacre aux actes de contrainte, d'où la réponse de l'industrie : l'aliment déjà cuisiné, les produits instantanés, les aliments congelés épluchés...

Si l'on vante les mérites de ce type de produits, si l'on cherche à diminuer au maximum le temps de préparation des repas, c'est qu'en fin de compte, le désir de l'individu moderne est de passer le moins de temps possible dans une cuisine ou à la préparation des repas. Si auparavant les plats mijotés avaient une place importante dans l'alimentation, c'est aujourd'hui des plats que l'on considère comme appartenant au passé et que l'alimentation moderne peut retrouver, mais pré-cuisinés et qu'il suffit de réchauffer.

Nous passons donc de moins en moins de temps dans la cuisine. Est-ce à dire que la préparation des aliments a perdu tout intérêt ? Il est probable que oui ou du moins, tout laisse à penser que oui. Et si cela est lié à la notion de contrainte, on peut alors présumer que la notion de préparation de repas est liée non pas à l'idée de plaisir, mais à celle de contrainte. Nous vivons dans une société où la notion de plaisir prédomine et il serait peut-être bon, à ce titre, de revoir notre rapport, non pas simplement à l'aliment, mais aussi à sa préparation. Ne pourrait-on voir dans l'acte de cuisiner le plaisir et l'art ? Peut-être serait-ce là un premier pas pour modifier notre alimentation, si celle-ci doit l'être. Trouver le temps de cuisiner, prendre le temps, savourer tant le repas que ses préliminaires, c'est peut-être non pas un retour à une tradition, car il est vain de chercher à retrouver quelque chose qui ne nous correspond plus, mais nous pouvons imaginer plutôt bâtir ici un rituel que nous n'avons pas et cela sur les fondements de notre modernité. Mais nous y reviendrons plus longuement par la suite.

MAXIMISER LE TEMPS

Si l'individu cherche à maximiser son temps en diminuant les instants consacrés aux contraintes, les hypermarchés répondent à cette attente. Les grandes surfaces naissent dans les années soixante. C'est un tournant considérable dans notre manière de consommer et cela va même au-delà. Le premier hypermarché s'ouvre en France en 1963 à Sainte-Geneviève des Bois. Son ouverture et celle des suivants est conditionnée par l'urbanisation (accroissement des phénomènes de banlieue) et le développement technologique (nombre croissant d'automobiles). Cela va révolutionner notre mode de vie.

L'augmentation régulière du nombre d'hypermarchés aura son corollaire : la fermeture des petits magasins avec toute la symbolique dont ils pouvaient se charger. Les techniques de ventes, avec ce nouveau type de magasins, iront aussi en se perfectionnant pour optimiser les lieux de consommation. Notre manière d'acheter sera liée désormais à ces techniques ; nous irons à l'assaut de ce type de magasins de manière hebdomadaire, ce qui réduira le temps que nous consacrons à l'achat, mais qui implique aussi une réelle modification de notre rapport aux produits. Finies les courses quotidiennes, les achats au coup par coup, notre panier s'est transformé en chariot béant plus imposant qui ne demande qu'à être rempli. Si nous sommes, par ce type de lieu, contraints de planifier notre alimentation, généralement pour une semaine, cela ne signifie pas que notre consommation se soit pour autant rationalisée. L'hypermarché est peuplé de pièges, de tentations liées à l'amélioration des techniques de ventes. L'achat impulsif y prend toute sa signification. Certes, sur les marchés ou dans les petits magasins, nous étions aussi objets de nos désirs, de nos envies spontanées, mais elles correspondaient à l'achat de produits classiques : de beaux fruits sur un étal, une envie de gâteaux frais que l'odeur rend irrésistibles... Dans les hypermarchés, nos tentations se reportent sur des produits souvent bien différents. Nous avons une tendance à acheter des produits trop riches, trop sucrés, qui ne sont bons que dans l'image qu'ils imposent. Arrivé à ce stade, un premier bilan s'opère : l'aliment a perdu toute sa rusticité, son traditionalisme pour devenir un produit industriel sans plus d'origine. Il est sophistiqué et nous l'achetons vite et souvent, non pour ce qu'il est car nous l'ignorons, mais pour ce qu'il représente. C'est la concrétisation de techniques marketing pointues.

L'image que véhicule le produit dans nos hypermarchés prime sur le produit lui-même. De plus, lorsque nous regardons un rayon, où que nous soyons en France et même à l'étranger, nous retrouvons ces produits (avec quelques adaptations qui tiennent compte du lieu). Il y a encore une fois un effet de masse qui s'impose. Même si l'on nous propose trente variétés pour un même produit, nous ne pouvons que regretter le déclin du vrai particularisme des aliments : celui qui fait qu'un produit ne correspond pas simplement à une image particulière, mais à une réalité particulière, c'est-à-dire à une origine type et à un lieu type. En effet, on peut dire que l'on tend à une homogénéisation des goûts et des saveurs. C'est un très grand choix que nous avons en grande surface, mais il est plutôt trompeur puisqu'il revient à un très grand choix homogène. Tout le paradoxe se joue ici.

Et si nous voulons consommer des produits dits de qualité, cela revient à dire que nous consommons des produits dits de luxe. Il n'y a qu'à regarder ces produits en hypermarchés. Les gâteaux, le café, les aliments en tous genres qui se disent faits dans la tradition sont chers et, finalement, ne correspondent qu'à des succédanés de produits de bonne gastronomie. Que devient l'apprentissage du goût des aliments dans tout cela ? Et quelles conséquences a la valeur de ce que nous mangeons pour notre santé ? ■

CHAPITRE 2

L'alimentation en question dans notre société moderne

Parallèlement à cette consommation croissante et de masse, à cette industrialisation de l'aliment, nous assistons au cours des années soixante-dix, et plus encore dans les années quatre-vingt à un développement des interrogations médicales sur l'alimentation. En effet, la médecine se penche sur ce qu'elle nomme déjà des maladies de civilisation et recherche les causes qui y sont liées. Bien entendu, l'alimentation est au cœur du débat. La santé individuelle devient un souci public de plus en plus important, car il est évident qu'une population active en bonne santé est la base de toute société bien constituée et harmonieuse. L'industrie, elle aussi, pour ne pas être mise à l'index et voir certains de ses produits condamnés, se doit de répondre aux préoccupations et aux attentes du médical.

Dans tout cela, le consommateur lui aussi s'interroge sur ce qu'il consomme. C'en est fini de notre période de consommation à outrance. L'individu, parce qu'il a le choix, veut faire le bon choix. Or, ce qu'il consomme à présent est devenu impossible à maîtriser. Que consommons-nous ? Que sont nos aliments ? Si l'origine ne peut plus être déterminée ou a simplement perdu son sens puisque la tradition des produits a perdu sa valeur, le consommateur cherchera une définition des produits dans la constitution même de ce qu'il achète. Le consommateur devient avide de savoir et demande une attribution d'une échelle de valeur des produits. La nutrition se développe.

Mais qui dans tout cela peut avoir la capacité d'attribuer une valeur crédible aux produits ? Bien évidemment, les médecins, les savants ont ici un rôle principal. On leur donne la qualité d'arbitres, d'experts. Les débats sur le sucre ou le cholestérol iront bon train. Les industriels voient la nécessité de mettre en lumière les constituants de leurs produits. Outre donc les ingrédients, la valeur nutritionnelle des aliments est affichée. Plus encore, ils tentent de répondre aux désirs de tous en créant des aliments bons pour la santé et non plus seulement pour le palais.

C'est tout un réseau d'enjeux économiques qui se met en place et chaque pays, avec ses industries, prône les mérites de son mode nutritionnel ou de ses aliments. Des fondations pour la santé se développent par l'intermédiaire de groupes industriels. Pensons à Kellog's pour les Etats-Unis ou encore à Danone pour la France. L'aliment devient alors non seulement un produit capable de susciter du plaisir, de correspondre à une imagerie, mais aussi une sorte de médicament premier capable de maintenir ou de rendre l'individu en bonne santé. Nous sommes là au cœur du débat sur la notion de régime et sur tout ce que cela suppose. Bataille rangée où les informations fusent dans diverses directions hélas souvent contradictoires. Où en sommes-nous actuellement ?

La notion de régime

Si l'aliment a dépassé sa valeur première, c'est-à-dire la simple capacité qu'il a de nous faire vivre, il est devenu un souci dont le corollaire est la bonne santé. Cette possibilité de vivre en bonne santé est désormais, puisque nous vivons dans une société d'abondance, déterminée par la régulation de notre alimentation. Cette régulation passe par ce que l'on appelle un régime ; c'est tout au moins la solution que nous pouvons lui apporter dans l'immédiat. Il faut rationaliser sa manière de consommer et surtout, devant les choix multiples que nous avons, réussir à trouver un équilibre. La notion de régime répond à ces attentes. Mais un régime ne signifie pas forcément amaigrissement comme l'on pourrait le croire. De même qu'être mince ne signifie pas forcément être en bonne santé et bien se nourrir.

Un régime est aussi une proposition d'éducation alimentaire basée sur des données scientifiques. Comme nous venons de le voir, il y eut de nombreuses théories, contradictoires parfois, en matière de nutrition. Mais celles-ci se sont affinées au fil des ans jusqu'à trouver un son assez harmonieux aujourd'hui. Une idée est commune à tous les régimes proposés, qu'ils soient végétarien, macrobiotique, hypocalorique, anti-cholestérol, ou même dissocié : se nourrir convenablement relève d'une alchimie et, malheureusement, notre société n'éduque pas nos enfants à se nourrir selon des données fondées. Faire régime ne veut pas dire se frustrer pour une période donnée et revenir à une alimentation mauvaise ensuite, mais c'est revoir son système de valeur alimentaire.

Le marketing repose sur une image du produit qui touche et conditionne le consommateur et plus spécifiquement les enfants et qui pourtant ne correspond à aucune notion de qualité réelle. Notre société fabrique des stéréotypes tels "les années Yop", Coca, Hollywood, Kellog's et bien d'autres qui façonnent des générations de comportements alimentaires.

Comme nous l'avons déjà mentionné précédemment, dans le domaine de la nutrition on entend effectivement beaucoup de choses. Des théories différentes et contradictoires sont prônées. Pourtant, il existe bel et bien des théories scientifiques actuelles valables mais celles-ci vont à l'encontre de nos habitudes alimentaires et quoi de plus difficile si ce n'est de changer celles-ci, alors que nous sommes tant sollicités. Peut-être qu'avant d'aborder une discipline alimentaire différente, nous faudrait-il déjà revoir la place de l'alimentation dans notre vie.

Nous avons vu que notre société a développé l'individualisme et que celui-ci est essentiellement lié à la notion de plaisir individuel, de loisirs, d'hédonisme et qu'elle cherche à restreindre la notion de contrainte, pour n'attribuer à notre emploi du temps qu'un laps de temps infime à ce type d'activités. Nous ne ferons pas le procès de cette conception de vie. Nous avons montré que l'alimentation et notre manière d'acheter sont liées à l'idée de contrainte. Volonté de passer moins de temps dans la cuisine, de réduire le temps que nous passons à faire nos courses. Cependant, peut-être que notre notion de la contrainte s'étend à des domaines qui peuvent, sous d'autres formes, entrer dans la catégorie des plaisirs ou des loisirs. Tout ceci est sujet à la notion subjective du "comment". Nous restons convaincus qu'avec un peu de volonté, d'imagination et de temps, l'alimentation peut non seulement être un plaisir dans le temps que nous passons à manger mais aussi, dans ses préliminaires.

Faire le marché le week-end peut être une occupation agréable pour toute la famille. Prendre le temps de se promener dans des allées où les aliments exaltent leurs couleurs et leurs odeurs, voilà sans mièvrerie un moment sympathique pour tous. Cet instant permet aussi de prendre contact avec les commerçants, avec ceux qui connaissent leurs produits et peuvent vous en parler. Le marché est convivial et offre souvent des produits de bonne qualité. Petits producteurs, marchands d'épices vous entraînent dans des paysages olfactifs et visuels qui vous mettent en appétit et en bon appétit. Quant aux enfants, c'est peut-être un moyen simple et ludique de leur faire découvrir le plaisir de se nourrir. Faire le marché peut donc revêtir un caractère agréable.

On peut aussi éviter de faire les courses en famille dans un hypermarché, ce qui évite pour les enfants les achats impulsifs. Il est préférable à ce sujet de prendre le strict nécessaire. Pour cela, une liste qui correspond à la composition des menus de la semaine évite tout achat inutile. C'est d'abord par cette nouvelle approche individuelle que l'on peut aborder un réel changement de notre alimentation. Il en va de même pour le temps que nous passons dans la cuisine, prendre le temps de faire le repas, même si cela n'est pas quotidien, y faire participer les enfants, s'inventer des repas à thèmes… On peut ainsi faire une journée chinoise avec, sans faire trop de frais, imaginer en quelque sorte le décor et l'ambiance qui y sont liés, ou encore une journée africaine… Tout cela en respectant de simples règles alimentaires.

Le temps que nous passons à table peut être aussi sujet à révision, savourer un repas, prendre le temps de partager vraiment cet instant, essayer d'en faire un moment privilégié pour toute la famille. Encore une fois, même si cela n'est pas quotidien au départ, c'est déjà entrer dans le désir de trouver une nouvelle place à l'alimentation. Un dernier point doit être encore abordé : l'alimentation ne doit pas être une source de frustration. Il ne faut en aucun cas lier l'aliment à une notion de culpabilité. Souvent, lorsque nous abordons un régime, c'est dans l'idée de perdre du poids. Certains aliments deviennent alors tabous et lorsque nous y cédons, un sentiment de culpabilité s'opère. Cette manière de vivre la nourriture ne peut être valable. Pour cela, il faut veiller à ne pas chercher à maigrir de manière inconsidérée, et sans s'être au préalable réellement interrogé sur le fondement de notre désir de minceur.

En résumé, c'est avant tout notre manière de concevoir l'alimentation qui doit être remise en cause, et il ne faut pas oublier que la nourriture la plus saine n'est certainement pas la plus riche ; c'est une conception qui n'a rien de fondé, au contraire, nous verrons dans les chapitres suivants comment bien se nourrir en associant les bons ingrédients dans nos menus, et comment respecter quelques règles d'hygiène alimentaire facilement applicables, afin de favoriser le bon fonctionnement de notre organisme, de conserver la santé, et d'optimiser les vertus bénéfiques des aliments que nous ingérons. C'est ce que nous appelons les combinaisons alimentaires. Quoi qu'il en soit, il est important de réfléchir sur notre façon de nous nourrir, car l'aliment soutend le rapport fragile et indispensable que nous avons avec notre corps. L'image que nous avons de nous-mêmes détermine le bien-être que peut ou non nous offrir notre corps et nous permettre de vivre en harmonie avec lui, car esprit et corps ne font qu'un lorsqu'il s'agit d'être, tout simplement. ■

CHAPITRE 3

Le régime dissocié

Le protocole

Dans le domaine de la nutrition, le régime dissocié apparaît comme la dernière révolution. En effet, il remet en cause les théories installées depuis longtemps maintenant, et propose en contre-partie des solutions tout à fait originales et qui semblent à la pointe des découvertes scientifiques. Cependant, dans le domaine de la "combinaison alimentaire", il n'existe pas une théorie, mais des théories reposant, certes, sur les mêmes fondations mais n'aboutissant pas réellement aux mêmes principes alimentaires. Qu'en est-il alors ?

LE BOULEVERSEMENT DES THÉORIES ALIMENTAIRES

Depuis 1930, il était acquis que la source de l'obésité était liée à un apport calorique trop important. La calorie, pour rappel, est la quantité d'énergie nécessaire au corps pour maintenir sa température à 37°, mais aussi pour entamer toute action. Les régimes reposant sur le principe de la calorie préconisent tout simplement une baisse de la quantité de calories consommées pour maigrir. L'organisme humain ira alors prélever une quantité d'énergie, équivalente à la baisse des calories, dans les graisses, ce qui entraînera par conséquent une perte de poids. Or, selon les constats des théoriciens des combinaisons alimentaires, une personne se contentant de 700 calories par jour, et cela durant plusieurs années, peut survivre sans mourir d'épuisement lorsque ses réserves de graisse ont disparu, ce qui selon la théorie des calories n'est pas logique. A l'inverse, celui qui a une surconsommation constante de calories (ex. 3500 calories par jour) ne grossit pas de façon constante, alors que si l'on s'en tient à cette théorie, son poids devrait être croissant.

D'autres exemples peuvent encore réfuter cette théorie, comme celui de ceux qui réduisent leur nombre de calories et qui grossissent malgré tout. Le problème majeur de cette technique paraît être celui du côté éphémère de la perte de poids, car l'organisme, animé par l'instinct de survie, aura toujours un besoin de faire des réserves. Malgré la réduction du nombre de calories, après un certain temps, le corps réussira à faire quand même des réserves. La théorie des combinaisons alimentaires est à ce titre novatrice. Elle n'a pas comme but premier l'amaigrissement ; elle ne se pose pas comme un régime à faire durant une période établie, mais comme une nouvelle manière de se nourrir. Celle-ci apporte, bien entendu, pour ceux qui ont une surcharge de poids, une perte des kilos. Son but est avant tout de retrouver une alimentation équilibrée, capable de rendre à l'organisme une hygiène optimale.

Une personne qui a longuement contribué au déve-

loppement de cette nouvelle théorie est Michel Montignac. Nous avons constaté que sa théorie différait un
peu de celles des autres. Nous avons essayé ici d'en faire
une juste synthèse. Quoi qu'il en soit, toutes ces théories ont ceci de commun, c'est qu'elles partent du même
constat : nous mangeons beaucoup et même trop d'aliments mauvais pour l'organisme, sucres industriels, ou
pour Montignac, les aliments à taux glycémiques éle-
vés, tels que le pain blanc qui, ayant suivi un traitement
industriel, a donc vu son index glycémique augmenter.
C'est le cas aussi de toutes les sucreries, biscuiteries,
pâtisseries... Ces théories proposent de manger saine-
ment et simplement, non seulement pour maigrir, mais
surtout pour améliorer le fonctionnement de l'organisme
et principalement de la digestion. La digestion trouve
dans ce régime une place prépondérante. Elle constitue
pour ces théoriciens la base d'une bonne santé ou à
l'inverse, la cause de l'apparition de troubles de la santé.
Il est donc essentiel, pour appréhender ce régime, de
bien en comprendre le fonctionnement et de connaître
tous les constituants de notre alimentation.

Les nutriments et la digestion

Voici à présent un bref aperçu des nutriments et un
descriptif succinct du processus de la digestion. Les aliments contiennent des protides, des lipides, des glucides,
des vitamines, des sels minéraux, des oligo-éléments,
des fibres et de l'eau qui sont assimilés par l'organisme
lors de la digestion.

LES PROTIDES
Les protides ou protéines sont des molécules géantes

formées d'un assemblage d'acides aminés. Il existe 30 acides aminés parmi lesquels 8 sont indispensables à la vie, on les appelle les acides aminés essentiels. Ils doivent être apportés par l'alimentation (leucine, isoleucine, lysine, méthionine, phénylalanine, théonine, tryptophane et valine). Les autres acides aminés peuvent être synthétisés par nos cellules et ne doivent donc pas nécessairement se trouver dans l'alimentation. Les acides aminés sont utilisés pour la construction cellulaire, tissulaire et à l'élaboration d'enzymes, d'hormones...

Les protides servent à la construction de l'organisme. La valeur biologique d'une protéine est déterminée par la proportion et la nature de ses acides aminés. Ainsi, on distingue les protéines d'origine végétale dont le déficit en acides aminés essentiels est souvent plus marqué. On trouve les protéines d'origine animale dans les viandes rouges (bœuf, agneau...) qui contiennent des graisses invisibles, dans les viandes blanches (lapin, volailles) qui contiennent peu de graisse, dans les viandes noires (gibiers) et dans les abats, riches en protéines, en vitamines et en sels minéraux. La charcuterie est riche en graisses invisibles.

Les poissons : les poissons les plus gras sont plus maigres que la viande la plus maigre. Les poissons gras : anguille, hareng, saumon... Les poissons demi-gras : anchois, bar, esturgeon, maquereau, mulet, sardine, thon... Les poissons maigres : brochet, poulpe, turbot... Les crustacés : écrevisse, homard, langouste... Les mollusques : calamar, moule, palourde...

Les fromages gras : fromages à pâte cuite tels que comté, gruyère, saint-paulin, bleu, brie, camembert, émenthal, cantal, chèvre, gorgonzola, munster, roquefort, hollande... Les fromages maigres : coulommiers, tome de Savoie...

Les œufs : la teneur nutritive d'un œuf est égale à la valeur nutritive de la viande la plus maigre.

Le lait contient des protéines mais aussi des glucides et des lipides. Préférez le lait écrémé et consommez-le de préférence seul en dehors de repas.

Le yaourt favorise la flore intestinale.

Il est important de dissocier les protéines grasses, que ce soit les viandes, les fromages, les poissons gras des protéines maigres : fromage maigre, fromage blanc, yaourt maigre, viande et poisson maigres afin d'associer ces aliments avec les nutriments qui favorisent une bonne digestion.

Les protéines d'origine végétale se trouvent en revanche dans les céréales complètes et leurs dérivés (farines, pains, pâtes, semoules), les légumes secs (soja, haricots, pois, lentilles) les oléagineux (amandes, noisettes, noix, pistaches) et les arachides qui sont considérés comme des protéines grasses. La teneur des différents aliments en protéines est de :

• 15 à 25% dans les viandes, poissons, fromages, légumes, noix ;

• 7 à 10% dans les céréales ;

• 1 à 2% dans les légumes verts, fruits, pommes de terre.

La ration journalière de protéines est de 1 g par kilo de poids pour un adulte, et 60 g pour un enfant. Elle représente 15% de l'apport énergétique quotidien, que ce soit d'origine animale ou végétale. L'excès de protéines peut entraîner des troubles cardio-vasculaires, des rhumatismes et des insuffisances des troubles sensoriels, nerveux ainsi qu'une perte de force.

Voici les combinaisons alimentaires à partir des protides préconisées par le régime dissocié.

ALIMENTS	BONNE	NEUTRE	MAUVAISE
Protéines grasses		Amidon	
Protéines maigres			Amidon
Protéines grasses			Acide
Protéines maigres		Acide	
Protéines		lipides	
Protéines maigres		sucres doubles	
Protéines grasses			sucres doubles
Protéines	Légume verts		

LES GLUCIDES

Les glucides sont des substances naturelles ou artificielles composées de carbone, d'hydrogène et d'oxygène. Les glucides comprennent les sucres simples (glucose, galactose, fructose) ; il existe également des sucres doubles : le maltose qui provient du malte ou le lactose qui provient du lait. Ceux-ci, lors de la digestion, se transforment en glucose et galactose, directement assimilables. Il existe également les sucres complexes : l'amidon que contiennent les céréales et les pommes de terre. Il existe d'autres glucides complexes : l'insuline, le glicogène, la cellulose et la pectine. Au cours de la digestion, tous les glucides sont transformés en glucose qui est l'aliment majeur des cellules et l'unique aliment des cellules nerveuses. Le glucose est la seule molécule à être assimilée directement par l'organisme. Il ne nécessite aucune transformation. Une partie du glucose est mise en réserve dans le foie et les muscles sous forme de glycogène, qui peut être très rapidement mobilisé à nouveau sous forme de glucose. Le rôle des glucides est de fournir l'énergie nécessaire à l'organisme. On différencie les sucres simples, qui sont utilisables rapidement et qui augmentent le taux de glycémie (contenus dans les produits sucrés, les fruits, le lait), et les sucres complexes, utilisables lentement, qui augmentent moins le taux de glycémie dans le sang (contenus sous forme d'amidon dans les céréales, les pommes de terre, les légumineuses...). Dans votre alimentation, variez sucres simples et sucres complexes sous forme de glucides non raffinés car ceux-ci sont liés aux fibres alimentaires, aux vitamines, aux minéraux et aux oligo-éléments qui en font leur richesse alimentaire.

Les sucres raffinés et industriels n'apportent rien de plus que leur valeur calorique, leur valeur nutritionnelle étant nulle. La teneur des différents aliments en glucides est de :

- 60 à 70% dans les céréales et fruits secs ;
- 15 à 20% dans les légumes à amidons ;
- 5 à 15% dans les fruits frais ;
- 1 à 6% dans les légumes peu amidonnés.

LES ALIMENTS CONTENANT DES GLUCIDES SIMPLES
- Fruits acides : ananas, cassis, clémentine, citron, groseille, framboise, grenade, mandarine, myrtille, orange, pamplemousse, tomate…
- Fruits mi-acides : abricot, cerise, coin, fraise, mangue, mûre, pomme, poire, pêche, prune, raisin…
- Fruits doux : banane, datte, figue, kaki, raisin doux, pomme douce…

• Fruits secs doux : abricot, banane, figue, pomme, poire, pruneau, raisin…

Les sucres simples neutres : melon, pastèque.

Les sucres simples : miel de toutes fleurs.

Les sucres doubles : sucre de canne, de betterave, d'érable, maltose de bière, lactose de lait, sirop, confiture.

Les amidons légers ou les petits farineux : artichaut, betterave, carotte, céleri rave, chou fleur, chou de Bruxelles, navet, panai, rutabaga, salsifi, petits pois frais.

Les amidons ou farineux : arachides, toutes les céréales et leurs dérivés : avoine, blé complet, maïs, orge, riz, sarrasin, seigle, pain complet, pâtes, semoule, farine blanche et farine complète, fécules de pommes de terre, tapioca, les légumineuses (fève, haricot sec, lentille, pois cassés, soja), les châtaignes, le potiron et le topinambour, les pommes de terre, les crosnes, les ignames.

Les légumes faiblement amidonnés, non farineux : ail, asperge, aubergine, feuilles vertes des betteraves, brocoli, cardon, les feuilles vertes des carottes, céleri, ciboulette, civette, chicorée, le chou, citrouille, concombre, cornichon, courge, courgette, cresson, champignon, échalote, endive, épinard, haricot vert, laitue, mâche, oignon, oseille, poireau, persil, pissenlit, poivron doux, pousse de bambou, radis, rhubarbe, scarole.

Ces légumes contiennent peu d'amidon, de lipides et de protides ; par contre, ils sont riches en vitamines, en sels minéraux et en oligo-éléments.

Nous pouvons également classer les glucides en fonction de leur taux de glucose, ceux qui augmentent le taux de glycémie de manière élevée dans le sang : le sucre sous toutes ses formes (pâtisserie, confiserie, boissons sucrées, confitures), les céréales raffinées, le riz blanc et leurs dérivés, le pain blanc, les pâtes préparées à partir de farines raffinées, les pommes de terre, la betterave et le maïs et ensuite ceux qui l'augmentent peu : les céréales complètes et leurs dérivés (pain, pâtes, farines complets) les légumineuses, les légumes et les fruits.

Cet autre classement correspond à celui de la méthode Montignac. Dans ce cadre, la distinction entre les glucides s'opère de la sorte : les bons glucides et les mauvais. A partir de cela, il est bien entendu déconseillé de manger de mauvais glucides, c'est-à-dire tout aliment contenant un taux de glycémie élevé.

• Les combinaisons alimentaires :

Voici les combinaisons alimentaires à partir des glucides, préconisées par le régime dissocié.

ALIMENTS	BONNE	NEUTRE	MAUVAISE
Amidon			Acide
Amidon			Protéines maigres
Amidon		Protéines grasses	
Amidon			Sucre
Amidon		Lipides	
Amidon	Légumes verts		
Amidon			Lait
Sucres doubles		Lipides	
Sucres doubles		Protéines maigres	
Sucres doubles			Protéines grasses
Sucres doubles			Acide
Sucres simples			Amidon
Sucres simples		Lipides	
Sucres simples	Protéines maigres		
Sucres simples			Protéines grasses
Sucres simples		Légumes verts peu amidonnés	

LES LIPIDES

Les lipides forment un groupe chimique plus hétérogène que celui des protides et des glucides. Les lipides sont des substances insolubles dans l'eau. Chimiquement, les lipides sont des acides gras, le sang en contient toujours une certaine quantité constante lorsque l'individu est à jeun et qui augmente au moment de la digestion. On distingue différents lipides : les acides gras, les triglycérides, les phospholipides et le cholestérol. Lorsque les lipides s'unissent à des protides, on les nomme les lipoprotéines. Il existe également les lipides alimentaires qui sont soit d'origine animale, soit d'origine végétale.

LES ACIDES GRAS

Les acides gras sont constitués d'un assemblage de molécules de carbone. Ils ont une fonction acide comme leur nom l'indique, et sont le dénominateur commun de tous les lipides. On peut distinguer les acides gras saturés et les acides gras insaturés.

• Les acides gras saturés

Les acides gras saturés sont essentiellement présents dans les graisses d'origine animale. C'est parce qu'ils sont peu solubles qu'ils se déposent facilement sur la paroi artérielle et peuvent provoquer des athéromes. Une alimentation riche en graisses animales augmente le risque d'athérome.

• Les acides gras insaturés

Les acides gras insaturés sont essentiellement présents dans les graisses d'origine végétale. On distingue les acides gras monoinsaturés et les acides gras polyinsaturés. Les acides gras monoinsaturés sont essentiellement représentés par l'acide oléique, celui-ci étant abondant dans l'huile d'olive. Les acides gras dits essentiels sont représentés par l'acide linoléique et l'acide linolénique ; ils ne peuvent être synthétisés par l'organisme et doivent être fournis à ce dernier par l'alimentation.

LES TRIGLYCÉRIDES

Les triglycérides sont le résultat de l'estérification du glycérol par trois acides gras. Ils représentent 99% des graisses alimentaires. C'est la nature des acides gras qui influe sur la qualité des triglycérides ; ceux-ci peuvent être de nature athérogène ou ne pas l'être. Ce sont les triglycérides, ces graisses qui constituent le stockage de l'énergie dans le tissu adipeux, et ce sont eux qui permettent la distribution de l'énergie aux cellules. Ils constituent un réservoir énergétique dont disposent les cellules.

LES PHOSPHOLIPIDES

Les phospholipides sont des glycérides, en fait des lipides beaucoup plus complexes provenant de l'estérification de glycérol par un acide phosphorique. Les phospholipides constituent la charpente de toutes les membranes cellulaires.

LE CHOLESTÉROL

Le cholestérol est un des principaux constituants lipidiques. C'est une molécule complexe qui dans le sang regroupe le cholestérol libre et le cholestérol estérifié. Le cholestérol est indispensable au bon fonctionnement de l'organisme. Il provient de deux sources : 1/3 est fourni par l'alimentation ; celle-ci apporte tous les jours 400 mg de cholestérol que l'on trouve dans toutes les matières grasses d'origine animale et surtout dans les abats, les œufs, les fruits de mer. Le cholestérol est également synthétisé par l'organisme, ce qui fournit les 2/3 des apports. Il est synthétisé essentiellement par le foie à 90%, et les autres 10 % proviennent des cellules intestinales, des glandes surrénales, des ovaires et des testicules. Notre organisme produit quotidiennement 800 mg de cholestérol. Le cholestérol assure plusieurs fonctions vitales. Le premier rôle du cholestérol est dans le foie où il est le précurseur des acides biliaires. Ceux-ci représentent 80% des cellules dérivées du cholestérol. En fait, la bile est sécrétée par les cellules hépatiques, qui au moment des repas se déverse dans le duodénum ; entre les repas, elle est stockée dans la vésicule biliaire. Ce processus facilite la digestion et l'absorption des graisses. Les acides biliaires favorisent également le péristaltisme intestinal.

Le second rôle du cholestérol est de permettre la synthèse de deux hormones : le cortical et l'aldostérone dans les glandes surrénales. Le cholestérol est également le précurseur de la progestérone et des œstrogènes sécrétés par les ovaires, ainsi que de la testostérone sécrétée par les testicules.

C'est aussi le cholestérol qui permet la synthèse de la vitamine D associée aux rayons ultraviolets, ce qui favorise la formation de l'os. Il participe à la structure des membranes cellulaires. Dans le sang, le cholestérol est véhiculé par des protéines auxquelles il est lié, pour former des particules appelées lipoprotéines dont les deux principales sont les H.D.L (High density lipoprotéines) et les L.D.L (Low density lipoprotéines).

Les H.D.L captent le cholestérol en excès dans l'organisme et vont le transporter vers le foie où il sera transformé et éliminé dans la bile. Les H.D.L jouent un rôle bénéfique puisqu'ils épurent la paroi artérielle du cholestérol excédentaire. Le cholestérol transporté par les H.D.L ou "H.D.L cholestérol" constitue le bon cholestérol, il est un paramètre protecteur et un anti-athérogène. Les L.D.L assurent la diffusion du cholestérol vers les cellules où il pourra être utilisé et, en cas d'excès, le déposeront sur les parois artérielles où il contribuera à la formation de lésions puis de plaques d'athéromes.

Le cholestérol transporté par les L.D.L ou "L.D.L cholestérol" est donc considéré comme le mauvais cholestérol puisqu'il est athérogène. Les lipides se trouvent dans les graisses visibles et invisibles de la viande, dans la charcuterie, dans toutes les huiles d'origine végétales, dans le beurre, la crème, les avocats et les olives. Voici les combinaisons alimentaires à partir des lipides, préconisées par le régime dissocié.

ALIMENTS	BONNES	NEUTRES	MAUVAISES
Lipides		Amidon	
Lipides		Sucres doubles	
Lipides		Sucres simples	
Lipides		Protéines	
Lipides	Légumes verts		
Lipides			Acides

LES VITAMINES

Les vitamines sont des substances organiques non énergétiques que l'organisme ne peut élaborer lui-même et qui sont indispensables à la vie. Les vitamines doivent obligatoirement être fournies par l'alimentation. Le manque de vitamines conduit à des maladies de carence (le béribéri, la pellagre, le scorbut). C'est pourquoi il est essentiel de varier quotidiennement son alimentation, afin d'apporter l'ensemble des vitamines nécessaires au bon fonctionnement de l'organisme. La présence des vitamines dans l'alimentation quotidienne est nécessaire même en petite quantité, elles agissent à faible dose. Chacune d'elles a un rôle particulier, il est donc important de diversifier notre alimentation. Il existe deux catégories de vitamines :

• Les vitamines hydrosolubles, c'est-à-dire solubles dans l'eau. Elles ne peuvent être mises en réserve par le corps et doivent être fournies de manière constante par l'alimentation journalière. Il s'agit des vitamines B1, B2, P.P, B6, B12, C, de l'acide folique et de l'acide pantothénique.

• Les vitamines liposolubles, c'est-à-dire solubles dans les graisses. L'organisme peut les stocker dans les tissus adipeux. Elles sont souvent toxiques si l'on en prend des doses exagérées. Ce sont les vitamines A, D, E et K.

Les vitamines sont très répandues dans les aliments mais aucun aliment ne les contient toutes. C'est la raison pour laquelle il est essentiel de varier son alimentation et d'y apporter entre autres des crudités, de consommer des légumes et des fruits frais, non traités, de région, de saison, qui ont atteint leur maturité, des céréales complètes. Il faut éviter les produits raffinés, traités et irradiés.

• Les minéraux et les oligo-éléments

Tous les éléments minéraux, aussi bien les sels minéraux que les oligo-éléments, longtemps considérés comme des impuretés, sont indispensables au bon fonctionnement de l'organisme, même si les oligo-éléments ne sont présents dans l'organisme qu'en très faible quantité. La plupart des sels minéraux (sodium, calcium, phosphore, soufre) nous sont fournis par les aliments d'origine végétale et animale. Ils jouent un rôle important dans le maintien de la pression osmotique des liquides de l'organisme, l'ossification, la contraction musculaire, les fonctions cellulaires et tissulaires et dans de nombreuses réactions chimiques. Les oligo-éléments (fer, zinc, iode, cobalt, chrome, manganèse, nickel, cuivre...) sont également indispensables à l'organisme. Ils entrent dans la composition de nombreuses enzymes. Ce sont des catalyseurs, des activateurs de réactions chimiques. Les oligo-éléments se trouvent dans la plupart des aliments. Ici encore, variez votre alimentation afin de pourvoir aux besoins quotidiens de votre organisme en minéraux et en oligo-éléments.

LES FIBRES ALIMENTAIRES

Les fibres alimentaires sont des substances d'origine végétale, non digestibles, de poids moléculaire élevé qui, par leur rôle mécanique de lest, facilitent le transit intestinal. Elles augmentent le volume et le poids du bol fécal, accélèrent le transit et favorisent la croissance d'une flore bactérienne bénéfique aux intestins. On distingue les fibres solubles et les fibres insolubles dans l'eau. Elles proviennent des fruits, des légumes et des céréales. Il faut néanmoins savoir qu'une consommation trop importante de fibres alimentaires peut provoquer des diarrhées et des ballonnements, par irritation de la muqueuse intestinale. De même, la présence de fibres, lorsqu'elle est exagérée, peut diminuer l'absorption intestinale des minéraux et des vitamines. Comme pour toute votre alimentation, il faut trouver le bon dosage et éviter les excès. La fibre la plus importante dans les aliments est la cellulose. Les produits animaux, viande, charcuterie, poisson, fruits de mer, fromage, lait ainsi que les huiles et le sucre ne contiennent pas de cellulose. On trouve le plus de cellulose dans toutes les céréales complètes, les légumineuses, les légumes, les fruits secs et frais. Exemples : dans le son 14000 mg pour 100 g d'aliment, dans le pain complet 1500 mg et dans le riz complet 900 mg. Puis ce sont les fruits, les mûres qui en contiennent le plus (9000 mg pour 100 g de fruit frais), les myrtilles 8000 mg, les framboises 6000 mg, les groseilles 2500 mg, les dattes 2400 mg, puis la teneur varie de 1500 mg à 300 mg des poires aux pamplemousses en passant par les pommes 1000 mg et bien d'autres.

L'EAU

L'eau est l'élément nutritif le plus important. Le corps humain est constitué de 60% d'eau et il est nécessaire de lui fournir 2 à 2,5 litres d'eau par jour. Chaque aliment contenant de l'eau, il est important de calculer leur teneur respective de manière à pouvoir compléter ce besoin organique par une consommation quotidienne d'eau minérale et d'atteindre les 2,5 litres. Il faut savoir que la teneur en eau des aliments varie d'environ 5% pour les oléagineux à 95% pour les légumes tels : les tomates, les concombres, les cornichons. Pour les fruits, la rhubarbe est le plus fournie en eau. La teneur moyenne des aliments en eau est de 70%. Les fibres végétales permettent d'éliminer les déchets en accélérant le transit intestinal, tout comme l'eau est un élément fondamental de l'élimination.

La digestion

Voyons à présent un bref aperçu de la digestion afin de mieux comprendre les combinaisons alimentaires. La digestion commence au niveau de la cavité buccale, la mastication permet de transformer les amidons par réaction d'hydrolyse. Ils se mélangent à une enzyme salivaire, la ptyaline, et à une enzyme pancréatique afin de transformer l'amidon en sucres doubles en maltose. Le maltose est en dernier lieu transformé en glucose dans l'intestin et enfin assimilé. Plus on mastique, plus les amidons sont assimilables et plus les aliments complexes sont fragmentés, plus ils sont assimilables durant les phases suivantes de la digestion. Par un effet mécanique de déglutition, les aliments transformés passent par le pharynx puis dans l'œsophage pour atteindre l'estomac. Dans celui-ci, ce sont deux enzymes : la lipase qui transforme les lipides et la pepsine qui change les protéines.

L'estomac est un milieu acide, les sucs gastriques y sont sécrétés selon les aliments ingérés, plus acides si nous consommons beaucoup de protéines, moins acides si nous faisons un repas à base d'amidon. L'idéal est de consommer des aliments qui exigent, lors de la digestion, des sucs digestifs identiques, c'est-à-dire par exemple, faire des repas de protéines ou d'amidons. Ces aliments transformés en bouillie (chyme) passent de l'estomac vers l'intestin grêle, où les enzymes sécrétés par les glandes et les sucs pancréatiques transforment les résidus protéiques, lipidiques et amylacés. Puis, du gros intestin, le chyme est projeté vers le rectum. Ainsi, tous les aliments sont transformés par la digestion en nutriments, protides, glucides, lipides, et passent la paroi intestinale pour se mélanger au sang, à l'exception des fruits et du miel qui ne sont pas transformés mais qui sont directement absorbés par l'intestin, tout comme les vitamines, les sels minéraux et l'eau.

En fait, tous les aliments sont digérés de manière différente et selon leur composition, la durée est variable.

Associer correctement les aliments facilite la digestion et favorise le bon fonctionnement de l'organisme. Pratiquer de mauvaises associations alimentaires entraîne des putréfactions, des fermentations, des troubles digestifs. Il est important de manger varié et peu et de pratiquer de bonnes combinaisons alimentaires, de préférer les aliments de qualité issus d'agriculture sans engrais, sans adjonction et sans colorant. Il faut également remplacer les aliments raffinés, blanchis, dénaturés par toutes les céréales complètes et leurs dérivés, de consommer des œufs de poules nourries au grain, des viandes saines et des poissons frais et de remplacer les graisses animales par des graisses végétales. Consommer les légumes et les fruits de région et de saison arrivés à maturité, supprimer les sucres simples, ceux qui augmentent le taux de glycémie, cuisiner les aliments sans graisse : à l'étouffée, à la vapeur, au grill, au four, à la cocotte minute. Ne pas conserver les aliments trop longtemps car ils se dénaturent et perdent leurs vitamines. Manger les fruits en dehors des repas car c'est le matin à jeun que l'on assimile le mieux leurs principes nutritifs. Ces derniers augmentent le taux de glycémie dans le sang, ce qui donne l'énergie nécessaire pour commencer sa journée. Il est essentiel de supprimer tous les sucres simples en fin de repas, tous les desserts et en fait d'éviter toute consommation de sucre. Boire en dehors des repas, lorsque l'estomac est vide car boire avant les repas provoque des ballonnements, boire durant les repas dilue les sucs gastriques ce qui diminue et ralentit la digestion. Préférez l'eau à toute autre boisson. Mais vous pouvez occasionnellement boire un verre de vin en l'associant à un repas constitué de protides, mais supprimez-le avec des repas constitués d'amidon et toutes les boissons alcoolisées qui contiennent trop de calories.

Préférez un café après les repas et supprimez-le à jeun, surtout le café au lait. En fait, le café stimule le péristaltisme intestinal, les sécrétions acides de l'estomac, il augmente la sécrétion de bile mais par contre, il est très apprécié parce qu'il stimule les fonctions cérébrales. Consommez les tisanes de manière immodérée et les thés de temps à autres. Ceux-ci peuvent même accompagner les repas. Préférez les plats uniques accompagnés de légumes cuits ou les plats d'amidons avec des légumes cuits ou encore des salades composées.

Si vous êtes contraint de vous nourrir de sandwichs, préférez ceux au pain complet et au fromage. Evitez les grignotages entre les repas mais si vous avez un petit creux, préférez un yaourt, un verre de lait ou des fruits, une carotte ou un peu de fromage. ∎

Les associations alimentaires

Les associations alimentaires à proscrire

De mauvaises associations alimentaires peuvent entraver la digestion et entraîner des phénomènes de fermentation et de putréfaction. Celles-ci provoquent des problèmes de flore intestinale et une moindre résistance aux infections. Si vous associez des aliments sans faire attention à leur compatibilité, vous pouvez engendrer des constipations, des diarrhées, des aigreurs d'estomac, des gaz, de l'aérophagie, des ballonnements et même des étourdissements.

Il ne faut pas associer :

• Les protides maigres avec les amylacés : les protides sont digérés dans l'estomac sous l'effet des sucs gastriques, alors que la digestion des amylacés se fait dans la bouche sous l'action de la ptyaline qui n'agit qu'en milieu neutre ou faiblement alcalin. Si vous associez ces deux types d'aliments, l'estomac ne digère pas les amylacés car c'est un processus de digestion opposé. La digestion des amidons stoppe en milieu acide. Cette combinaison est donc à éviter, voire même à supprimer de son alimentation. Ainsi le traditionnel steak frites est à proscrire.

• Protides avec protides : ils sont incompatibles entre eux. La digestion de la viande est différente de celle des œufs par exemple. Le suc gastrique s'adapte à chaque protéine dans l'estomac. Ainsi l'escalope cordon bleu est à proscrire.

• Protéines et légumineuses : les aliments protéiques d'origine animale ne se digèrent pas de la même manière que les aliments protéiques d'origine végétale. Le petit salé aux lentilles ne peut plus être consommé.

• Les protides et les lipides : l'absorption de graisses en même temps que des aliments protéiques empêchent la digestion parce que les sucs gastriques ne sont plus sécrétés. L'escalope à la crème ne peut plus être mangée.

• Protéines et glucides : par exemple, l'alliance corn flakes et yaourt est à supprimer de notre alimentation. A l'exception d'une protéine maigre et d'un sucre double qui est une association neutre, ainsi qu'une association d'une protéine grasse avec un amylacé.

• Les protéines ne vont pas avec les acides : absorber des protéines avec des acides empêche la production de pepsine. L'estomac ne fabrique plus ses propres acides.

• Amylacés et sucres simples ne font pas un mariage heureux. Ainsi fruits et céréales ne peuvent être consommés ensemble. Ces deux dernières combinaisons peuvent entraîner des ballonnements dus à une fermentation. Les sucs stoppent la production de l'amylacé salivaire.

• Les amylacés et les acides : évitez d'absorber simultanément des fruits acides, des vinaigres, du vin avec des aliments composés d'amidon. Ils ne peuvent se digérer. L'association acide plus amidon détruit l'action de la ptyaline sur l'amidon. N'associez pas les amylacés et les sucres doubles : céréales et sucres ne vont pas ensemble.

• Amylacés et amylacés sont incompatibles, comme un mélange petit pois pommes de terre.

• Amylacés et lipides sont déconseillés pour les personnes qui ont des problèmes digestifs. Le pain beurre, les pommes de terre à l'huile ralentissent l'action de l'amylacé salivaire sur l'amidon.

• Sucres doubles : les sucres industriels sont incompatibles avec les sucres simples, c'est-à-dire les fruits, ainsi qu'avec les amidons et les protéines et les lipides.

• Tous les fruits acides, mi-acides, doux, séchés sont incompatibles avec les amidons, les légumes secs, les protéines grasses et les lipides. Ils sont également incompatibles avec les légumes. Cependant, certains fruits acides peuvent se combiner avec des légumes à condition que la personne ne souffre pas de problèmes digestifs.

• Lipides : ils sont incompatibles avec les sucres simples mais pour les personnes qui n'ont pas de problème de digestion, ils peuvent se consommer associés aux protéines.

Les associations alimentaires bénéfiques

Il est essentiel de composer son menu en favorisant les compositions compatibles des aliments. Voici les associations les plus favorables.

Vous pouvez associer toutes les protéines avec les

légumes qu'elles soient d'origine animale ou végétale. Ces derniers favorisent l'absorption par l'estomac des acides aminés. Vous pouvez associer les glucides : les fruits mi-acides, doux et séchés avec les protéines maigres.

Vous pouvez associer les amidons avec les légumes.

Vous pouvez également associer tous les légumes avec les légumes.

Vous pouvez associer tous les légumes avec les légumes secs et les lipides.

Vous pouvez associer les fruits acides avec les fruits acides, avec les mi-acides, les doux et les secs.

Vous pouvez associer l'ananas aux protéines. Il facilite leur digestion et vous pouvez également associer les pommes et les amylacés. Le melon et la pastèque se consomment si possible seuls en dehors des repas.

Voici une suite d'exemples de combinaisons alimentaires certainement plus tolérantes et plus accessibles que les précédentes.

ALIMENTS	BONNES AVEC...	MAUVAISES AVEC...
Les protéines : viandes, volailles, poissons, œufs	légumes verts	tous les autres protides, toutes les graisses, fruits et végétaux acides, amylacés, sucres, lait
Les fromages	légumes verts	idem à l'exception du lait
Les lipides : beurre, crème, huile, lard	tous les amylacés	tous les protides, tous les sucres simples (fruits)
les amylacés, les céréales, les pâtes, le pain	Les légumes verts	tous les protides, tous les sucres, le lait, les fruits acides
Les légumineuses	Les légumes verts	tous les protides, tous les sucres, les fruits, le lait

ALIMENTS	BONNES AVEC...	MAUVAISES AVEC...
les légumes verts, les légumes cuits et en salade	tous les protides, tous les amylacés	le lait
les légumes ou petits farineux	tous les légumes verts, toutes les graisses et les huiles	tous les protides,
fruits doux	lait caillé	tous les amylacées pro-
tous les fruits acides	lait	tides
fruits acides	fruits acides, les noix, le lait	les protides sauf noix, les amylacées, tous les glucides
Melon/pastèque	se prennent seuls	tous les aliments
Le lait	se prend seul ou avec les fruits acides	tous les protides, tous les légumes verts, les amylacés
Les protéines maigres	avec les légumes verts, avec les fruits mi-acides, doux, séchés, protéines maigres	sucres doubles, amidons, graisses

LES BESOINS CALORIQUES

Le métabolisme de base nécessite 1600 calories par jour et les besoins varient ensuite selon l'âge, le sexe et l'activité. Ainsi, les adultes sédentaires auront un besoin égal à 2000 calories. Quant aux adultes actifs, il leur faudra 3000 calories voire même plus. Si nous absorbons plus de calories que nous n'en brûlons, nous prenons du poids, mais si nous dépensons autant de calories que nous en ingérons, alors nous stabiliserons notre poids. Pour maigrir, nous pouvons faire un régime de 1200 à 1500 calories ; pour stabiliser, nous prenons environ 2200 calories que nous répartissons comme suit :
- 65% de glucides
- 25% de lipides
- 10% de protides

Les menus proposés

Nous vous proposons ci-après des menus types qui correspondent aux trois repas qui composent le régime dissocié : le petit déjeuner, le déjeuner, le dîner. Vous pouvez aussi ajouter à ces repas une collation. Cela dépend de vos habitudes alimentaires mais aussi de votre appétit ainsi que de votre activité. Nous vous proposons également dans ce chapitre des menus types pour deux semaines et des menus types basses calories pour une semaine de régime en classant les aliments par saisons.

Voici les aliments du printemps (mars avril mai). En ce qui concerne les poissons, vous trouverez sur les marchés : l'alose, le crabe, la dorade, le goujon, le homard, le lieu, la limande, le maquereau, la raie, le rouget, la truite. En ce qui concerne la volaille vous trouverez la pintade, et c'est aussi la saison de l'agneau et du veau. Pour les légumes, vous pouvez composer vos menus à base d'asperges, de batavia, de cresson, d'épinard, de laitue, d'oseille, de pois, de romaine et de salsifis. Pour les fruits, vous avez la rhubarbe, les fraises, le melon, les cerises, certaines variétés de pommes, les abricots et tout ceux qui sont indiqués dans nos propositions de petits déjeuners.

Les aliments de l'été (juin, juillet, août), c'est la saison des anguilles, du bar, de la dorade, de l'écrevisse, du goujon, du hareng, du homard, de la langoustine, du maquereau, de la perche, de la plie, mais aussi de la sole, du sandre, de la sardine et du thon. Votre boucher vous propose en volailles : le canard, le pigeon, la pintade, la poule et le poulet mais aussi pour les autres animaux : le lapin et le veau. Sur les étalages des marchés d'été, ce sont les légumes tels les aubergines, les artichauts, les bettes, les concombres, les cornichons, les haricots verts, la laitue et la tomate. Pour les fruits, reportez-vous à ceux du petit déjeuner. Pour la rentrée (septembre, octobre, novembre), les poissons : le cabillaud, la carpe, les moules et le Saint-Pierre. C'est également la saison du gibier : chevreuil, sanglier, biche, pour la volaille : perdreaux, pigeons, et de la viande de porc et de mouton, et du lièvre. En ce qui concerne les légumes d'automne, c'est le cardon, le céleri, les choux : fleur, rouge, blanc, frisé, et la citrouille, les haricots blancs, les navets qui sont à l'honneur.

Et nous voici en hiver. Décembre, janvier, février voient apparaître les poissons et crustacés suivants : cabillaud, carpe, hareng, huître, lieu, limande, merlan, moules, morue, saumon, sole, turbot. En ce qui concerne la volaille, c'est le chapon, la dinde, la poule qui sont de la fête ; pour les viandes : bœuf, mouton porc et faisan. Pour les légumes, brocolis, choux de Bruxelles, endive, mâche, pissenlit.

LES PETITS DÉJEUNERS

Comme il est essentiel de prendre les fruits à jeun et en dehors des repas, nous vous proposons de prendre les fruits comme petit déjeuner. Avec ceux-ci, il vous est néanmoins possible d'ajouter une tisane ou un thé (mais non de manière quotidienne). Ces associations de fruits que nous vous proposons tiennent compte des saisons qui doivent, comme nous l'avons vu, toujours être mise à profit pour consommer des fruits frais de bonne qualité et bien mûris. Il est important de ne rien ajouter à ceux-ci et surtout pas de sucre. En ce qui concerne la quantité, nous n'en imposons pas, c'est à chacun de voir ce dont il a besoin pour manger sans exagération mais aussi sans sensation de frustration.

PRINTEMPS

N°1 : Fraises, pommes
N°2 : Oranges, ananas
N°3 : Cerises, abricots
N°4 : Bananes, framboises
N°5 : Melon mais seul
N°6 : Pêches, cerises
N°7 : Pamplemousses, pomme Jonagold

ETÉ

N°1 : Pastèque seule
N°2 : Mûres, abricots
N°3 : Pêches, brugnons
N°4 : Melon seul
N°5 : Myrtilles, bananes
N°6 : Groseilles, cassis
N°7 : Framboises, pommes "grani"

AUTOMNE

N° 1 : Figues fraîches, poires
N° 2 : Pommes, raisins
N°3 : Prunes, mirabelles
N°4 : Bananes, poires
N°5 : Mangues, ananas
N°6 : Raisin blanc, seul
N°7 : Poires, pommes

HIVER

N°1 : Oranges, pamplemousses
N°2 : Clémentines, figues séchées
N°3 : Dattes, mandarines
N°4 : Ananas, pamplemousses roses
N°5 : Pommes, bananes
N°6 : Kiwis, abricots séchés
N°7 : Oranges sanguines, raisin sec

Ces fruits, s'il ne faut rien leur ajouter, peuvent être consommés sous différentes formes ; nous vous recommandons de varier leur préparation pour éviter toute lassitude. Ainsi, vous pouvez prendre un cocktail de fruits le lundi, puis manger les fruits tels quels le mardi, puis sous forme de macédoine le mercredi, ou encore sous forme de compotes sans adjonction de sucre. De plus les fruits mi-acides, doux et séchés peuvent s'associer à une protéine maigre, c'est-à-dire à un yaourt maigre. Par contre, il est plus délicat d'associer les fruits acides aux yaourts. En effet, même si cette association est neutre, elle n'est pas recommandée pour les personnes sujettes à des problèmes de digestion. Vous pouvez également remplacer votre petit déjeuner de fruits par un verre de lait, car celui-ci se prend seul également. Quant au miel, il peut être consommé avec des fruits mi-acides ou doux, il peut être un plus agréable pour l'hiver. Certaines théories du dissocié préconisent de prendre le miel seul.

LES MENUS TYPES DU DÉJEUNER

Le régime dissocié propose de prendre des déjeuners à base de farineux ou féculents les plus secs possibles. Comme nous l'avons vu précédemment, pensez à bien les mastiquer et associez à ceux-ci toujours une salade à chaque repas, n'hésitez pas à prendre à chaque fois une variété différente : scarole, frisée, batavia, salade chêne, mâche, laitue, cresson, chicorée, endive…

Laitue	Salade d'endives	Mâche
Carottes	Pommes de terre	Riz
Courgettes	au four	Aubergine
	Haricots verts	
Batavia	Feuilles de navet	Scarole
Navets	Céleri	Pâtes
Poivron, courges	Artichaut	Tomates
Frisée	Salade verte	Cresson
Riz	Pommes de terre	Carottes
Légumes verts	Chou fleur	Navets
Chicorée	Salade	Endive
Epinards	Chou frisé	Haricots mange
Patates douces au four	céleri, artichaut	tout,
		chou frisé, pâtes

Salade	Laitue	Scarole
Châtaigne, chou rouge	Riz complet Ratatouille	Courgettes, blé dur
Batavia	Frisée	Laitue
Soupe à l'oignon	Pâtes à l'ail	Pommes de terre Poireaux
Salade de pissen-lit	Salade d'oseille	Salade de chêne
Concombre	Riz aux champi-gnons et aux oi-gnons	Patates douces
Tomate, radis noir		Brocolis

Comme pour les fruits, il faut penser à varier les cuissons et la présentation des aliments. Ainsi, vous pouvez les cuire à la cocotte, à la vapeur, mais aussi au four, en papillotes, à l'étouffée. Quant à la présentation, pensez à les râper, aux purées, aux juliennes, aux rondelles, au légume tel quel ou encore au caviar, aux soupes... C'est encore une fois par la variation des modes de cuisson et des présentations que vous éviterez de vous lasser. Mais vous pouvez aussi varier les aromates pour que les goûts de certains aliments ne vous apparaissent pas trop fades.

LES MENUS TYPES DU SOIR

Le régime dissocié préconise des repas à base d'aliments protéiques pour le soir. Ceux-ci sont à combiner de manière bénéfique pour la digestion. Il faut être vigilant quant à l'assaisonnement de ses repas. N'utilisez ni huiles, ni adjonctions de graisses quelles qu'elles soient. En fait, de nombreuses combinaisons alimentaires sont possibles puisque vous pouvez associer toutes les protéines maigres ou grasses avec les légumes verts. En ce qui concerne les quantités, c'est en fonction des kilogrammes que vous avez à perdre. De toute manière, c'est un régime qui, de par ses combinaisons d'aliments, vous permet de retrouver votre poids idéal. On peut en fait manger sans se priver, jusqu'à satiété, le tout étant de respecter les combinaisons. Nous sommes loin ici du régime hypocalorique ou du régime Weight Watcher où chaque aliment est pesé et comptabilisé soigneusement. Il faut tenir compte malgré tout des besoins et de la capacité digestive de chacun. Il ne faut pas oublier de supprimer tous les desserts en fin de repas.

Salade verte	Salade verte,	Salade verte
Poulet grillé	Plateau de fromages, concombre	Eglefin en papillote
Courgette		Fondue de tomates
Salade verte	Salade verte	Salade verte
Asperge, Courge jaune, Noisettes	Grillade de bœuf Haricots verts	Fromage blanc Ail oignon
Salade verte	Salade verte	Salade verte
Agneau grillé haricots au beurre	Pintade, choux	Œuf mollet Pissenlits
Salade verte	Salade verte	Salade verte
Foie de veau grillé Fondue de poireaux	Poivrons farcis de viande hachée au four	Steak de thon grillé Tomates au four
Salade verte	Salade verte	Salade verte
Epinard, brocolis, Graines de tournesol	Jambon Chou fleur	Eminé de dinde grillé, choux de Bruxelles

Salade frisée aux lardons	Salade verte Petits pois Avocat	Salade verte Saumon à l'oseille
Salade verte Omelette aux champignons	Salade verte Steak de biche grillé Brocolis	Salade verte Haricots verts avec des graines de sésame

Voici deux menus types pour deux semaines. Ce sont des menus de printemps et d'été et ils vous permettent d'associer correctement les aliments selon les saisons. Ils ne représentent qu'une suggestion mais, au vu de la difficulté à composer des menus en fonction des associations, ils vous permettent de vous familiariser avec la composition de menus équilibrés selon le régime dissocié et d'acquérir ainsi une habitude alimentaire, sans que cela soit un jonglage trop délicat. Familiarisez-vous avec nos menus, regardez régulièrement les combinaisons d'aliments, ainsi progressivement il vous viendra des idées de combinaisons en fonction de ce que vous aimez, car il faut bien admettre que ce régime est complexe.

En effet, ce régime qui n'est pas vraiment très ancien, comparativement à d'autres comme l'hypocalorique, n'a pas encore trouvé de "vitesse de croisière". Il existe ainsi autant de régimes dissociés que d'auteurs. Dans tout cela quel est le plus juste ?

Rien ne nous permet de le dire vraiment. Il semble que ce régime, qui est à la pointe de la recherche scientifique actuellement, devra encore acquérir une expérience empirique plus grande pour qu'il puisse s'affirmer dans ses positions. Pour vous permettre de voir ses nuances, nous vous mentionnons ici quelques différences que nous avons pu observer et qui ont retenu notre attention. Ainsi, certains régimes préconisent des repas de midi composés uniquement d'amylacés et de féculents. En revanche, les céréales se classent aussi bien dans les glucides que dans les protides.

C'est ce qui fait que c'est très complexe et que certains régimes excluent les céréales à midi alors que d'autres les acceptent.

MENUS DE PRINTEMPS ET D'ÉTÉ

Petit déjeuner : pomme.
Déjeuner : batavia, choux de Bruxelles, pommes de terre
Dîner : laitue, poireaux, noisettes

Petit déjeuner : cerises, abricots
Déjeuner : cresson, fanes de radis, carottes, fèves cuites
Dîner : laitue, épinards, chou, fromage blanc

Petit déjeuner : banane, cerises
Déjeuner : romaine, haricots verts, courgettes, artichauts
Dîner : laitue, asperges, œufs, brocolis

Petit déjeuner : salade de pêches et d'abricots
Déjeuner : salade verte avec radis, riz complet haricots verts
Dîner : salade de pissenlit, courgettes et côtelettes d'agneau

Petit déjeuner : fraises
Déjeuner : salade d'oseille, carottes et topinambour
Dîner : laitue, épinards et amandes

Petit déjeuner : brugnons, abricots
Déjeuner : salade verte, aubergine, bette, pain complet
Dîner : salade, épinard et œufs

Petit déjeuner : melon
Déjeuner : salade verte, pommes de terre, fèves, haricots
Dîner : salade verte, poisson en papillote et ratatouille

LES MENUS D'AUTOMNE ET D'HIVER
Petits déjeuner : pomme, raisins
Déjeuner : endive, carottes, salsifis, navets
Dîner : pissenlits, chou fleur, jambon

Petit déjeuner : figues séchées et poires
Déjeuner : endives, poireaux, riz complet
Dîner : mâche, chou rouge, haricots verts et amandes

Petit déjeuner : châtaignes
Déjeuner : endives, soupe de légumes,
Dîner : mâche, filet de cabillaud en papillote avec des cardons

Petit déjeuner : bananes, raisins
Déjeuner ; mâche, potiron, pommes de terre
Dîner : pissenlit et des œufs mollet

Petit déjeuner : jus de pamplemousse et orange
Déjeuner : endives, brocolis, carottes
Dîner : mâche, escalope de porc grillée avec du chou rouge

Petit déjeuner : dattes, pommes
Déjeuner : pissenlits, chou rouge et châtaignes
Dîner : mâche, haricots blancs, fromages

Petit déjeuner : figues séchées avec des poires
Déjeuner : pissenlit, pommes de terre, chou de Bruxelles
Dîner : salade verte, endives au jambon

Nous venons de vous énoncer quelques idées de repas. Elles sont ici proposées comme exemple pour montrer une application possible du régime dissocié. Cependant, comme le mentionnent les fondateurs du régime dissocié, l'intérêt n'est pas de suivre ces semaines de régime mais de comprendre la combinaison alimentaire, ainsi que la digestion et les nutriments pour pouvoir réaliser soi-même et en fonction de ses goûts et de ses besoins, son propre régime. De plus, il n'existe pas un régime dissocié mais des régimes dissociés reposant certes sur les mêmes principes mais ne répondant pas aux mêmes questions de l'organisme. Fondé sur la notion de bonne santé, le régime dissocié prend en considération les faiblesses, les problèmes de chaque organisme et peut y apporter une réponse. Par exemple, pour D. Galemberti, les combinaisons alimentaires peuvent se moduler en fonction des états pathologiques suivants : obésité, âge avancé, cellulite, acné, constipation, colites, gastrites, artériosclérose, hypertension, hypercholestérolémie.

Pour Michel Montignac, il existe aussi un certain nombre de pathologies auxquelles peut répondre le régime dissocié ; mais il propose aussi un régime général constitué de deux phases : la phase une est du domaine du régime et la phase deux qui comprend en plus des plats de la phase une. Ce régime amaigrissant se réalise sur trois mois. Bien entendu, après ce laps de temps, il est impensable de revenir à une alimentation constituée de produits raffinés et sans souci de combinaisons alimentaires. C'est pour cette raison qu'il est plus important de comprendre le régime en lui-même que d'appliquer tout simplement une suite de menus. ■

Conclusion

Le régime dissocié est certainement le régime le plus révolutionnaire qui soit actuellement. En effet, il va à l'encontre de toutes les théories qui se sont développées jusqu'alors en matière d'alimentation, puisque tout reposait sur la notion de calorie et de restriction. Ce régime va bien au-delà en ne tenant compte que de combinaisons qui sont bonnes ou mauvaises.

Cependant, c'est peut-être parce qu'il en est encore à ses débuts qu'il se voit développé dans une hétérogénéité un peu déroutante pour celui qui cherche à connaître ce régime. En effet, force est de constater que selon les auteurs consultés, ils ne prônent pas les mêmes informations. Toujours est-il que c'est un régime qui demande à changer totalement ses habitudes alimentaires et qui nécessite la capacité d'improviser ses repas, tout en faisant attention aux catégories d'aliments que l'on associe. En respectant ses diverses combinaisons, les aliments étant classés par catégories, nous sommes à même de favoriser notre digestion, c'est pour cela que ce régime convient très bien à toute personne souffrant de problèmes digestifs divers. En pratiquant ce régime, on peut enrayer les désordres dus aux mauvaises combinaisons. Malgré les dissonances théoriques, il y a une nette progression dans la conception de ce régime. Il y a quelques années, celui-ci prônait la consommation d'une seule catégorie d'aliments au cours de la journée, ce qui rendait le régime très contraignant, triste et monotone. Aujourd'hui, celui-ci préconise l'alternance entre différentes catégories d'aliments. Si celui-ci est bien fait, il peut être très équilibrant. ■

BIBLIOGRAPHIE

Le souci de soi - *Michel Foucault* - Gallimard
L'individu et ses ennemis - *Alain Laurent* - Hachette
L'Ere du vide Essai sur l'individualisme
contemporain - *Gilles Lipovetsky* - Gallimard
L'homnivore - *Claude Fischler* - Odile Jacob
Nourriture et amour - *Willy Pasini* - Payot
Mille et une bouche cuisine et identité culturelle
Autrement
Je mange donc je maigris ou les secrets de
la nutrition - *Michel Montignac* - Artulen
Recettes et menus Montignac - *Michel Montignac*
Artulen
Guide pratique des combinaisons alimentaires
*D. Galimbert*i - De Vecchi
Equilibrez votre poids et votre diététique par
les compatibilités alimentaires - *Désiré Mérien*
Jouvence.

Dans la même collection

Imprimé en France. - JOUVE, 18, rue Saint-Denis, 75001 PARIS
N° 232721G. - Dépôt légal : Février 1996